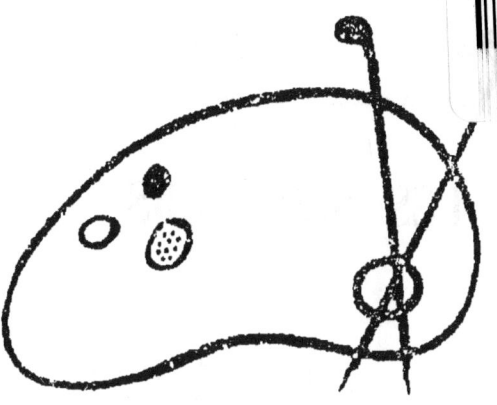

Début d'une série de documents en couleur

LES SEIGNEURS

DU CRAC DE MONTRÉAL

APPELÉS D'ABORD

SEIGNEURS DE LA TERRE AU DELÀ DU JOURDAIN

(Extrait de l' **ARCHIVIO VENETO** Serie II)
Atti della R. Deputazione Veneta di Storia Patria.

VENISE
IMPRIMERIE DE MARC VISENTINI
1883

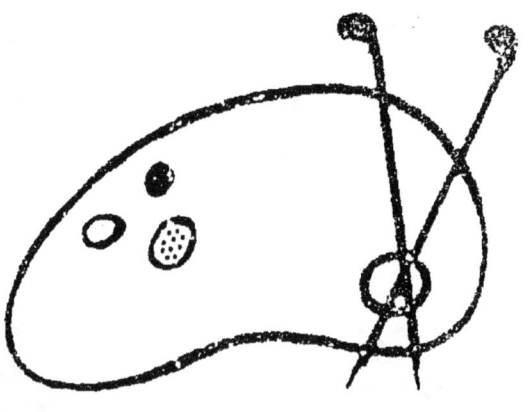

Fin d'une série de documents en couleur

Couverture inférieure manquante

LES SEIGNEURS
DU CRAC DE MONTRÉAL

APPELÉS D'ABORD

SEIGNEURS DE LA TERRE AU DELÀ DU JOURDAIN

I.

La grande et funèbre illustration des seigneurs de Crac ou de Karac est Renaud de Chatillon, l'un des hommes qui auraient pu le mieux contribuer à fonder l'empire des Latins en Orient, si les vices du système féodal n'avaient fait tourner contre l'état même qu'il devait défendre ses hautes qualités politiques et militaires. On sait que Saladin, par un scrupule pharisaïque, ne voulant pas égorger sous son toit celui qui avait bu à sa coupe, fit amener le prince de Karac à la porte de sa tente et que là, après une altercation dans laquelle le prisonnier chrétien montra une très digne attitude, le sultan le frappa à la tête d'un coup de cimeterre, et donna ainsi le signal du massacre. Il lui reprochait, avec raison, d'avoir enfreint les trèves ; il oubliait trop volontiers que les Sarrasins avaient souvent violé la foi jurée et qu'au mépris des trèves et des traités ils avaient mille fois incendié des villages, spolié des naufragés, livré à la mort des femmes et des enfants protégés par des capitulations.

Ces faits pourraient être facilement établis.

On connait moins la situation, l'étendue et les droits de la seigneurie dont l'ancien prince d'Antioche avait hérité. On en place le siège principal tantôt à l'Est tantôt au Sud de la Mer Morte. On confond quelquefois les deux localités, fort éloignées l'une de l'autre, qui en furent les principales forteresses.

La présente dissertation a pour objet d'apporter quelque clarté dans ces diverses questions.

Karac, Kérec, ou *Kérak,* est un ancien mot syriaque signifiant Forteresse, Chateau et Refuge (1). Donné à différentes localités de la Syrie et de la côte d'Asie mineure (2) sur la quelle s'était propagé l'usage de la langue syrienne, le nom fut conservé par les Arabes et par les Francs. Ceux ci dirent plus souvent *Krac,* ou *Le Crac,* en latin *Cracus,* ou *Cracum.* La forme *Crat,* et *Cratus* par un *t,* écrite dans quelques textes des Croisades, est vicieuse et doit être absolument abandonnée. Elle provient d'une primitive négligence de lecture ou de copie.

Il y a eu en Syrie trois grands chateaux du nom de Karac: le *Crac des Chevaliers* ou le *Chateau des Curdes,* au Nord de la Mer Morte; *le Crac de Montréal* en Ydumée, au sud de la Mer Morte; et *le Crac des Moabites* ou la *la Pierre du Désert,* à l'Orient de la Mer Morte. Tous trois étaient de hautes et puissantes constructions destinées à couvrir les approches orientales du royaume, vers le désert, en surveillant le passage des caravanes qui se rendaient de Bagdad en Egypte et à la Mecque.

Le Karac septentrional se trouvait dans le comté de Tripoli, au N. de l'Anti Liban, au lieu dit *Kalaat el Hosn.* Il avait été construit par les croisés sur les restes agrandis d'un ancien chateau des Curdes, en face des plaines de La Chamèle ou Emesse, la première des grandes haltes des caravanes entre Alep et Damas. On voit encore aujourd'hui sur les montagnes de Kalaat el Hosn les ruines de la double enceinte qui entourait le donjon, protégé lui même par un 3e rempart (3). Nommé d'abord le *Chateau des Curdes,* Kalaat el Hosn fut appelé *le Crac des Chevaliers,* lorsque Raymond II, comte de Tripoli, l'eut cèdé en 1145 aux chevaliers de l'Hôpital, qui se chargèrent de sa défense. Placé hors du domaine royal et loin des régions qui furent le théatre des évène-

---

(1) Voy. M. Quatremère, *Hist. des sultans mamel.,* t. II, p. 236, *Notice sur Karak;* M. de Slane, *Hist. arabes des Croisades,* t. I, p. 814.

(2) Le chateau de Gorhigos, sur la côte de la petite Arménie, longtemps occupé par les Chypriotes, est également désigné sous le nom de Karac dans les historiens arabes. Saint Martin, *Mém. sur l'Arménie,* t. I, p. 203.

(3) M. Rey, *Monum. milit. des Croisés,* pag. 39, p. IV et suiv.

ments les plus mémorables des guerres de Syrie, il est moins célèbre dans l'histoire des Croisades que les deux autres.

Montréal se trouvait à l'autre extrémité du royaume, au milieu des déserts de l'Ydumée et de l'ancien pays des Nabathéens, appelé depuis Arabie Pétrée, Arabie IIIe ou Syrie Sobal. Il s'élevait près de la ville de Chaubac, au milieu d'une grande oasis très fertile que traverse l'Oued el Arba (1). Construit en 1115 par le roi Baudouin Ier, seize ans environ après la conquête de Jérusalem, il porte dans les historiens arabes les noms de *Chaubac, Schaubac,* ou *Karac el Chobac* (2); les Francs l'appelèrent plus habituellement *Montréal* ou *Le Crac de Montréal,* à cause de son origine (3).

Le Crac des Moabites ou la Pierre du Désert mériterait le nom de Grand Crac, en raison de l'étendue et de l'importance exceptionnelle de ses fortifications. Il était situé entre le Crac des Chevaliers et le Crac de Montréal, et se trouvait beaucoup plus rapproché de Jérusalem que les deux autre. Il fut fondé après Montréal et établi au delà de la Mer Morte, à 3 lieues de ses rives, dans une oasis du pays de Moabites dont Rabba avait été l'antique capitale. Le nom de Pierre du Désert donné d'abord à Rabba (4), transmis ensuite à Karac des Moabites, sa voisine, quand Rabba dépérit, venait de la situation même de ces deux villes à l'entrée de l'Arabie Déserte, dont les sables s'étendent du lac Asphaltite, à la Mésopotamie, tout autour de la région de Palmyre.

A s'en tenir aux notions de Guillaume de Tyr et de Sanudo (5), il semblerait qu'il y ait eu dans le voisinage des deux Karac du sud et du centre du royaume une ville de Pétra, siége l'une et l'autre d'un archevêché. Mais d'Anville n'admet qu'une seule et unique Pétra (6), la *Petra Regalis,* la Métropole de l'Arabie

---

(1) La 2.e feuille de la Carte géographique dressée par la Commission d'Egypte marque d'une manière très remarquable le relief de Chaubac et de toute la vallée de l'Arba, qui se poursuit jusqu'aux bords de la Mer Morte, où se trouvait la vieille ville de Zoar ou de Palmer. M. Frédéric Caillaud place *Kerak el Chobak,* aux lieux même où fut Montréal, entre Aneiza et Maan, au N. E. de Pétra.

(2) *Hist. arabes des Crois.* t. I, p. 581, etc.; M. Quatremère, *Hist. des sultans mamel.* de Makrizi, *loc. cit.*

(3) Guill. de Tyr, p. 1069; *Assises,* t. II, p. 420.

(4) M. Quatrèmere, *Hist. des Sultans mam.,* t. II, p. 240.

(5) Guill. de Tyr., p. 500, 944, 1088; Cf *Secreta fidel.,* p. 156, 166, 246.

(6) Cartes de l'*Oriens Christianus.*

Petrée, ou Arabie III.ᵉ, l'antique Pétra des Nabathéens. Cette ville se trouvait dans la Vallée de Moïse, l'Oued-Moussa, continuation de l'Oued el Arba, à quelques lieues au sud du bourg de Chaubac, près duquel Baudouin I.ᵉʳ avait fondé son chateau. Elle était défendue par une petite forteresse, et des textes chrétiens mêmes désignent ce chateau du nom arabe, ou phénicien, de *Sela*, qui signifie *Pierre*, ou *Rocher*, *Castrum Sele* (1). A travers toutes les vicissitudes politiques éprouvées par l'Orient, cette vénérable ville de Pétra conserva toujours dans l'église gréco-syrienne son rang de métropole. Ses dépendances ecclésiastiques s'étendaient jusqu'à la ville d'Ela au bord de la Mer Rouge, qu'occupèrent plusieurs fois les Latins et comprenaient le Mont Sinaï, dont l'abbé mitré était son suffragant.

La Pétra des Moabites aurait été presque contigue à Karac Moab, dans l'Arabie II.ᵉ Sans dépouiller la vieille Pétra ydumęenne de son titre archiépiscopal, les Croisés transférèrent le droit métropolitain dans cette dernière ville, plus rapprochée des possessions chrétiennes, en y établissant l'évêché de Raab, ville alors en ruine. Mais ces mutations ne sont que de la seconde moitié du XII.ᵉ siècle; elles précèdent de bien peu la reprise de Jérusalem par les Arabes. Guillaume de Tyr fixe ainsi l'érection de la Pierre du Désert en métropole à l'année 1168: *Petracensis quae ultra Jordanem in finibus Moab sita est, secundae Arabiae metropolis efficitur* (2); et l'évêque Guerry souscrit en ces termes une charte de 1177: *Dominus Guerricus, Latinorum primus Petracensis archiepiscopus* (3).

Une distance de 25 lieues environ sépare les deux Karac méridionaux, et c'est une notion géographique qu'il ne faut pas perdre de vue si l'on veut suivre sans confusion les événements de l'histoire du royaume de Jérusalem et les faits particuliers qui se rattachent aux mutations de ses fiefs (4).

---

(1) Voy. *Hist. arabes des Crois.* t. I, p. 734; Provincial de Paris du XIV.ᵉ s. Ms. dela Bibl. Nat. fragment cité à la fin de cette présente notice.

(2) Lib. XX, c. 3, p. 944.

(3) Paoli, *Codice diplom.*, t. I, p. 63.

(4) Les indications géographiques des cartes de la Commission d'Egypte et l'exploration plus récente de M. le duc de Luynes aux alentours de la Mer Morte concordent avec les témoignages historiques, pour fixer à la mesure que nous indiquons l'intervalle qui sépare et distingue bien les deux Karacs. Une

L'oasis de Chaubac avait attiré la première l'attention des Francs. Seize ans après la conquête de Jérusalem, le roi Baudouin I.er résolut de construire un grand fort en cet endroit, au milieu même des nomades dont les courses inquiétaient quelquefois ses frontières. Guillaume de Tyr rappèle avec quelques détails ces circonstances. « En l'année 1115, à une époque où les croisés ne possédaient encore aucune terre au delà du Jourdain, le roi Baudouin I.er voulant protéger les abords du royaume contre les attaques des ennemis, eut la pensée de construire une forteresse dans l'Arabie III.e, qu'on appelle la Syrie Sobal. Il réunit ses forces, passa la Mer Morte, traversa l'Arabie II.e dont Pétra (des Moabites) est la capitale et parvint dans l'Arabie III.e Là, sur une montagne bien choisie, dans un site déja puissant et facile à fortifier encore, il fit construire un chateau qu'il nomma Montréal, en raison de sa royale origine. Il y laissa une forte guarnison d'hommes à pied et à cheval, munis d'armes et de machines. Les alentours du lieu sont agréables, salubres, très fertiles en blé, en vin et en huile (1) ».

La construction de Montréal terminée, le roi Baudouin en remit la garde, avec tous les droits seigneuriaux, à l'un de ses chevaliers nommé Romain du Puy. Cette inféodation, dont on ne sait pas la date précise, eut lieu peut être dés l'année 1118; certainement elle est antérieure à l'année 1132, on en verra plus loin la preuve. Romain et ses premiers successeurs ne prirent d'abord d'autre titre que celui de *seigneurs de la terre au delà du Jourdain*. Il ne faut pas attacher à cette expression un sens géographique rigoureux qu'elle n'a jamais eu. Dans les monuments des croisades, la *Terre au delà du Jourdain* n'est pas toute le région

chronique chrétienne porte que les deux localités sont distantes de 20 lieues (1); et les itinéraires arabes marquent trois relais ou trois journées de marche entre l'une et l'autre (2).

(1) *Hist. des Crois. Hist. Occid.*, t. I, p. 500. Cf. p. 505, 1088; Foucher de Chartres, t. III, p. 431, 432. Cf. Sanudo, *Secret.*, p. 156, 166, 246. La canne à sucre devait y être cultivée sur une assez grande échelle car, le *sucre du Crac de Montréal* figure dans les rôles de marchandises du XIVe s. Pegolotti, p. 364; *Hist. de Chyp.*, t. III, p. 89.

(1) *Hist. Hierosol.* ap. Paoli, *Codice Diplomatico*, t. I, p. 448. Le ms. D. des Continuations de G. de Tyr marque 36 milles entre *Mont Reial qui siet en Ydumée et Le Crac, qui siet en Moab*, pag. 105 var.

(2) Cf. Quatremère, *Hist. des sultans mam.*, t. II, I.ere part., p. 243. Sur le réalité des 3 journées de marche entre Karac Moab et Karac Chaubac, cf. l'extrait de Khalil Dhahéri, rapporté par M. Quatremère, p. 245 et la note de la p. 91, t. II, 2.e part.

transjordanique, mais seulement la partie des terres orientales qui relevaient directement du roi de Jérusalem. Cette portion encore très vaste, comprennant les steppes sablonneuses parsemées d'oasis commencait aux bord de la Mer Rouge, contournait la Mer Morte, longeait le Jourdain pendant 50 kilomètres et s'arrêtait à l'Oued Zerka, l'ancien Jabok, qui tombe dans le fleuve, à peu près à la hauteur de Naplouse. Au dèlà de cet affluent les deux rives du Jourdain appartennaient à la principauté de Galilée (1).

Romain du Puy eut pour successeur Payen le Bouteiller, qui pour compléter l'oeuvre du roi Baudouin I.er construisit en 1142 dans le nord de son fief la grande forteresse de la Pierre du Désert, destinée à surveiller les frontières de l'Arabie II.e et de l'Arabie III.e, ancien pays des Moabites. Guillaume de Tyr le rappelle dans le passage suivant qu'il est indispensable de rapporter en entier: « Interea (1142), quidam nobilis homo, Paganus nomine, » qui prius fuerat regius pincerna, postmodum habuit terram trans » Jordanem, postquam Romanus de Podio et filius ejus Radulphus, » meritis suis exigentibus, ab ea facti sunt exheredes et alieni; in » finibus Arabiae secundae castrum edificavit, cui nomen *Crahc*, » natura loci, simul et opere manu facto munitum valde, juxta urbem antiquissimam ejusdem Arabiae metropolim, prius dictam » Rabam (2) ». Le nouveau Karac fut construit sur un plan plus large et il atteignit des proportions bien plus considérables encore que celles de Montréal. Il faudrait citer ici, si son étendue le permettait, la description qu'en a donnée M. Quatremère (3). C'est un tableau de maitre.

De Payen, la double seigneurie de Montréal et de Karac passa à son neveu Maurice. On ignore les circonstances qui, lors du décès ou peut être du vivant même de Maurice, la fit rentrer en la possession du roi de Jérusalem. Telle était la situation en 1161. A cette époque, Baudouin III, désirant confier a Philippe de Milly, le futur grand maitre du Temple, la défense de toutes les parties du royaume confinant au désert, lui concéda féodalement les territoires transjordaniques accrus de la terre d'Hébron ou de

(1) *Biblioth. de l'Ecol. des chartes. La Terre au delà du Jourdain et ses premiers seigneurs*, 1878, p. 416.

(2) Lib. XV, c. 21, p. 692. Cf. p. 1125, de nouveaux détails sur les fortifications et la situation du Crac. Les ruines de Rabba-Moab se trouvent à 12 kilomètres au nord de Karac-Moab.

(3) *Hist. des sult. mamel.*, t. II, p. 240-241.

S. Abraham à l'ouest de la Mer Morte, à la place de la seigneurie de Naplouse que Philippe de Milly remit au roi (1).

(1) La charte d'échange dressée à Nazareth le 31 Aout 1161, énumère six groupes de propriétés ou de redevances cédées par le roi à Philippe de Naplouse, en recevant de lui ses terres de Galilée. Cinq ne donnent lieu à aucune difficulté sérieuse. Il n'en est pas de même du 3.ᵉ article.

1. Le première seigneurie concédés par le roi est celle de Montréal avec toutes ses dépendances.

2. La seconde Le Crac, ou la Pierre du Désert, avec toutes ses dépendances.

3. La 3ᵉ est Ahamanth. *Et Ahamant simili modo, cum omnibus appendiciis suis*. Ce mot d'Ahamanth serait il une mauvaise leçon ? Pourrait on y substituer *S. Abraham ?* La correction simplifierait et accorderait bien des choses, car il est certain d'après deux mentions formelles des Lignages (1), dont l'autorité est si considérable, que le roi donna à Philippe de Milly, en échange de Naplouse, non seulement la double seigneurie de Montréal, mais encore la seigneurie de S. Abraham ou Hébron, dont la charte de Nazareth ne fait pas mention. Toutefois, pour ne point réformer des textes sans des raisons plus péremptoires, nous admettrons qu'Ahamanth, comme on l'a conjecturé (2), est bien l'antique *Maan*, ou *Theman*, ou *Aman*, aujourdhui Maan-esch-Chamieh, bourgade située à 6 heures vers le S. E. de Schaubac, et cela d'autant plus volontiers que la rédaction générale du passage de la charte de Nazareth indique que cette localité, comme toutes les autres terres mentionnées dans l'acte, se trouvaient plutot vers l'est, dans la direction de la Mer Rouge que vers l'ouest de la Mer Morte, comme S. Abraham.

4. Le chateau de la Vallée de Moïse, qui est incontestablement l'Aïn Mousa au S. de Schaubac, le chateau de Pétra ou de Sela des Nabathéens, dont nous avons précédemment parlé

5. Toute la terre qu'Hulric, vicomte de Naplouse (3) et son fils Baudouin avaient possédé au delà du Jourdain, avant l'échange fait par eux avec le roi.

6. Enfin les droits et les redevances que Jean Goman devait au roi pour le fief qu'il tenait au delà du Jourdain, de telle manière que Jean Goman ne serait tenu désormais à l'égard du roi pour ce fief qu'à l'hommage et au service militaire, les produits et les revenus seigneuriaux devenant la propriété de Philippe de Naplouse (4).

Le roi, indépendamment de la terre de Naplouse qu'il recevait et des réserves spéciales qu'il faisait, retenait d'une manière générale sur tous les do-

---

(1) *Assises*, t. II, ch. 14, p. 452: « Le rei eschanja à lui ; et prist Naples et li dona Le Crac » de Mont Réal et Saint Abraham ». Chap. 26, p. 462. « Le roy eschangea à lui, et prit Na- » ples, et li dona le Crac de Montroyal et Saint Abraham ».

(2. M. Quatremère, *Makrizi*, tome II, p. 244 ; M. Rey, *Monum. de l'archit. milit. des Croisés*, p. 275.

(3) La vicomté de Naplouse, qui était une charge administrative, paraît avoir été occupée héréditairement par la même famille avant comme après la cession de 1161. Le vicomte Hulric est mentionné dans les chartes dès 1123 et 1151 ; Le vicomte Baudouin, son fils, en 1161 et 1168 ; Amaury, fils de Baudouin en 1176 et 1178. *Familles d'outremer*, p. 412.

(4) C'est la réserve faite par le roi, réserve qu'exprime aussi le 14.ᵉ chapitre des Lignages en ces termes : « Sauve l'omage et le servise de messire Jehan Goumans, que le rei retint à lui, » porcequ'il aveit grant fié sur les lieux ». *Assises*, t. II, p. 452.

L'acte dressé à Nazareth en 1161 pour constater cet échange ne fait pas mention de la seigneurie de S. Abraham, put être cédée à Philippe de Milly par une charte séparée et postérieure. Mais il est certain que l'échange de Nazareth comprit d'un coté la seigneurie de Naplouse et de l'autre les seigneuries réunies de Montréal et de S. Abraham, avec toutes leurs dépendances. Les Lignages l'affirment dans deux passages formels (1), et l'on voit d'autre part que l'ensemble des nouvelles seigneuries de Philippe de Milly ne formait qu'un seul fief comprenant S. Abraham. Ce grand domaine, le 4.ᵉ grand fief du royaume proprement dit (2), relevait directement de la couronne et devait au roi le service de 60 chevaliers, à savoir: 40 pour les deux Karac, 20 pour Hébron: « La seignorie dou Crac et de Mont Réal et de Saint Abraham » deit LX chevaliers. La devise: Dou Crac et de Mont Réal, XL » chevaliers; de Saint Abraham, XX chevaliers (3) ».

Lorsque Philippe de Naplouse entra dans l'ordre du Temple, Stéphanie sa fille hérita de la seigneurie de Montréal et de ses vastes annexes; mais la mort successive des deux maris de Stéphanie rendit de nouveau vacant en 1174 le service actif du fief. Le roi et la haute cour décidèrent qu'une si grande seigneurie, de la quelle dépendait la sécurité même du royaume vers le désert, ne pouvait être mieux confiée qu'au chevalier qui avait si heureusement géré la principauté d'Antioche pendant la minorité de Boémond III, à Renaud de Chatillon.

Le prince Renaud apporta dans sa nouvelle position ses qualités et sa rare énergie, ses hautes vues et son humeur altière. Il s'accomodait mal des règles que le régime féodal, au milieu de ses désordres, imposait heureusement aux grands vassaux. Il disait ne point être tenu d'observer les trèves conclues par le roi avec

---

maines concédés 1.° le service militaire, première et principale charge du seigneur de Montréal vis à vis de la couronne; 2.° les cens et redevances exigés des Bédouins étrangers à Montréal; 3.° les droits dûs par les Caravanes qui passaient sur le territoire des deux Karacs.

(1) Voy la note 1 de la page précédente.

(2) Les cinq grands fiefs étaient: 1.° le Comté de Jaffa; 2.° la Principauté de Galilée; 3.° la Seigneurie de Sidon et de Beaufort; 4.° le Crac de Montréal, et 5.° la *Seigneurie du comte Jocelin*, seigneurie anonyme, formée de l'aggrégation de diverses terres en faveur de Jocelin, après la perte du comté d'Edesse. *Assises*, t. I, p. 422.

(3) *Assises*, t. I, p. 422.

les Sarrasins (1); prétention insoutenable, que les princes d'Antioche et d'Edesse auraient pu seuls élever; mais que les assises déniaient absolument aux vassaux directs de la couronne, en leur refusant même le droit de battre monnaie (2). Sacrifiant à sa passion et à ses desseins personnels les vrais interêts du royaume et les désirs même du roi, incliné alors vers la paix, Renaud reprit la guerre pour son propre compte; il harcela sans cesse les Sarrasins, il réoccupa la ville d'Ela à l'est du Sinaï, il fit résolument construire une flottille sur la Mer Rouge, car ses projets n'allaient a rien moins, les Arabes l'affirment (3), qu'à rançonner Médine et peut-être La Mecque. De telles conceptions, qui n'étaient point chimériques, dénotent plus que de la hardiesse; mais, sans la prudence, le génie peut amener les plus fatales catastrophes, et on en vit bientot la preuve. Informé par ses espions de l'approche d'une grosse caravane d'Egypte, Renaud la guetta aux environs de Karac, la dévalisa complètement, fit prisonnière, dit on (4), une soeur de Saladin et se refusa à tous les arrangements que le roi lui proposa de la part du Sultan. Il en aurait fallu moins pour légitimer la reprise des hostilités et ouvrir cette funeste campagne qui se termina par la destruction de l'armée chrétienne, la prise du roi, la capitulation de Jérusalem et perte de toutes les terres situées au delà du Jourdain.

Cette vaste région, enlevée aux chrétiens dans les années 1188 et 1189, fut donnée par Saladin à son frère Malec Adel, qui parvint à déterminer, après un long siège, la reddition de ses deux grandes forteresses (5). Elle forma depuis une principauté dont les émirs prirent quelquefois le titre de Sultan. Karac-Chaubac, le Montréal chretien, était considérée comme une des principales places de l'islamisme. Karac-Moab, plus fort encore, devint le chef lieu de la principauté arabe. C'était la citadelle la plus importante de l'empire des mameloucs. Les sultans d'Egypte y déposèrent longtemps leurs trésors (6).

Je résume ici ce que j'ai pu recueillir de plus certain sur l'hi-

---

(1) *Contin. de G. de Tyr*, liv. XXIII, chap. 23, p. 34.
(2) *Assises*, t. I, p. 105, n.
(3) *Hist. arabes*, t. I, p. 852.
(4) *Contin. de G. de Tyr* 34, 37, 41, 48, 49.
(5) *Hist. arabes des Crois.* t. I, p. 60, 734 etc. Quatremère, *Hist. des sultans mamel.*, t. II, 3.ᵉ part, p. 242, 244.
(6) Quatremère, t. II, 3.ᵉ part, p. 241, 244.

stoire généalogique des seigneurs chrétiens qui ont possédé les deux forteresses sous le titre de seigneurs de Montréal et d'abord sous le titre de seigneurs des terres d'outre Jourdain.

II.

V. 1118. ROMAIN DU PUY, à qui le roi Baudouin I.er donna en fief, vers 1118, le chateau de Montréal avec ses dépendances, est qualifié par Guillaume de Tyr *dominus regionis illius quae est trans Jordanem* (1). Nous croyons que les terres inféodées à Romain du Puy comprennaient non seulement le pays de Moab ou l'Arabie II.e, c'est à dire le territoire bordé par le Jourdain depuis Zerca jusqu'à la Mer Morte, mais aussi l'Arabie III.e ou Syrie Sobal, au milieu de la quelle se trouvait la forteresse du Crac de Montréal, construite précisément pour surveiller tout le pays des oasis entre la Mer Morte et la Mer Rouge. Si la première concession faite à Romain ne comprenait pas toute la région sablonneuse s'étendant de l'Oued Zerka à la presqu'ile du Sinaï, une seconde concession, complétant la première par accroissement de fief, ne dut pas tarder à lui donner l'étendue que nous lui indiquons, car la seigneurie saisie, pour cause de félonie, sur Romain du Puy vers 1131, comprenait positivement le pays de Moab et le chateau de Montréal dans la Syrie Sobal (2).

V. 1131. PAYEN dit *le Bouteiller*, chevalier ainsi nommé par ce qu'il avait été bouteiller du Roi, est peut-être le même seigneur que Payen de Milly, seigneur de Naplouse et bouteiller royal. Il reçut en 1131, ou au plus tard en 1132, les domaines confisqués par le roi Foulques sur Romain du Puy et sur son fils, convaincus de trahison (3). Une charte de 1132 le nomme *Paganus de Monte Regali* (4). Il possédait donc le chateau de Montréal, et le chateau de Montréal faisait par conséquent partie du fief de son prédécesseur. A fin d'assurer la protection des parties septentrionales de sa seigneurie, il fit construire en 1142, près du bord oriental de la Mer Morte, le fameux chateau du Crac des Moabites devenu par la suite plus important encore que le Karac

---

(1) *Guill. de Tyr*, p. 627.
(2) *Guill. de Tyr*, p. 627.
(3) *Guill. de Tyr*, p. 627.
(4) M. de Rozière, *Cartul. du S. Sép.*, p. 149; cf. Strehlke, *Tab. Theut.*, p. 3.

royal. Payen assista en 1148 à la réunion des barons de Terre Sainte convoquée à S. Jean d'Acre par l'empereur Conrad et le roi Louis VII. Il est simplement qualifié en cette occasion de seigneur de la terre au delà du Jourdain : *Paganus, dominus regionis quae est trans Jordanem* (1), bien qu'il fut seigneur propriétaire et incontestable des deux Karac.

V. 1152. MAURICE, neveu de Payen le Bouteiller (2), lui succéda à une date inconnue. On a de lui une charte de 1152, dans laquelle il se nomme ainsi : *Ego, Mauritius Montis Regalis possessor et dominus* (3). Le document constate de la façon la plus nette que, nonobstant ce titre, en apparence précis et exclusif, Maurice possédait les deux forteresses seigneuriales du nord et du sud, Karac Moab et Karac Chaubac. Guillaume de Tyr le nomme en 1153 *Maurice de Montréal* (4) et le fameux Renaud de Chatillon, l'un de ses successeurs, rappelle, dans une charte de 1177, qu'il avait possédé avant lui la seigneurie de Montréal (5).

Av. 1161. PHILIPPE DE MILLY, ou PHILIPPE DE NAPLOUSE, depuis grand maître du Temple, était fils de Guy Ier dit Le Francais, et d'une noble dame de Flandre nommée Stéphanie. Il était frère de Henri Le Buffle et de Guy II de Milly, appelé aussi Le Francais. Il avait reçu la terre de Naplouse, qui lui laissa le nom sous lequel il est le plus connu, à la mort de son oncle Payen. En 1161, il échangea sa seigneurie avec le roi, qui lui donna par le contrat dressé à Nazareth le 31 août et complété par quelques mesures postérieures, la seigneurie d'Hébron, la seigneurie des deux Karac et les steppes indéfinis qui en formaient les annexes au sud et au nord, depuis le Jabok, affluent du Jourdain à la hauteur de Naplouse, jusqu'à la Mer Morte et au Sinaï.

---

(1) *Guill. de Tyr*, l. XXXVII, c. 1, p. 759. Il est désigné sous la même qualification dans la charte d'echange de 1161, rédigée sous son successeur. Strehlke. *Tabul. Theuton.*, p. 3.

(2) *Guill. de Tyr*, p. 1125.

(3) Paoli, *Cod. diplom.*, t. I, p. 31, cf. 62 ; *Guillaume de Tyr*, p. 796. Hulric, vicomte de Naplouse et, après lui, son fils Baudouin, possédèrent, sans doute en arrière-fiefs, quelques biens dans la région d'Outre Jourdain. Paoli, t. I, p. 31 ; Strehlke, p. 3.

(4) L. XXVII, c. 1, p. 796.

(5) Paoli, t. I, p. 62.

Vers 1169 (1), Philippe de Milly, par des raisons demeurées inconnues, entra dans l'ordre du Temple et renonça à ses seigneuries, qui passèrent à sa fille Stéphanie, alors femme de Humfroy III de Toron. Il faut donc croire que son fils Rainier était déjà mort à cette époque, ainsi que sa fille Héloïse, car Héloïse parait être l'ainée de Stéphanie (2).

Elu grand maitre du Temple en 1169 (3), Philippe de Naplouse renonça peu après au magistère (4), sans cesser de s'intéresser aux affaires de l'ordre et du royaume. En 1171, le roi Amaury l'envoya en ambassade à l'empereur de Constantinople, auprès de qui le roi se rendit bientôt lui même, dans l'espérance d'obtenir les secours qui étaient si nécessaires au royaume de Jérusalem et qu'on ne reçut jamais (5). Plutôt que d'assurer par leur concours la possession de la cité sainte aux Latins, les Byzantins préféraient la voir retomber sous le joug des infidèles. Telle à été toujours leur politique. On ne sait en quelle année mourut Philippe.

Femme: Elisabeth, nommée dans l'échange de 1161 (6).

Enfants: 1. Rainier, nommé en 1161, semble être mort peu après.

2. Heloïse, morte sans enfants. Elle avait épousé un neveu du sire de Tibériade (7).

3. Stéphanie, qui suit.

V. 1169. STÉPHANIE DE MILLY OU DE NAPLOUSE, fille de Philippe de Milly, devint, lors de l'entrée de son père dans l'ordre du Temple, vers l'an 1169, dame des grands domaines qu'il possédait autour du bassin méridional de la Mer Morte, c'est à dire des deux Karac, de Saint Abraham et de leurs dépendances, qui comprennaient le chateau de Moïse avec d'autres domaines. Elle apporta sa seigneurie aux trois maris qu'elle épousa successivement; et à la mort de Renaud de Chatillon, le troisième, auquel elle survécut, sans avoir eu d'enfants de ses deux dernières unions, elle géra la

---

(1) Il est encore témoin d'un diplome royal le 13 août 1169, (Strehlke, p. 7) sans que rien indique qu'il eut encore pris l'habit des Templiers.

(2) Voy. les *Sires de Naplouse*.

(3) Il est nommé comme grand maitre dans une charte du roi Amaury, du 17 septembre 1169. Ughelli, *Ital. sac.*, t. III, col. 406.

(4) Avant Paques de l'année 1171.

(5) *Guill. de Tyr*, l. XX, c. 22, p. 981.

(6) Strehlke, p. 4.

(7) *Lignages*, chap. 15.

seigneurie en co-propriété avec Humfroy IV de Toron, fils du premier lit, alors marié à Isabelle de Jérusalem. Sa mort semble être survenue peu de temps après la délivrance de son fils, prisonnier de Saladin, et la perte des forteresses transjordaniques, évènements des années 1188 et 1189.

Premier mari, v. 1163? : Humfroy de Toron, que nous tenons, avec les éditeurs des Familles d'Outremer, pour Humfroy III.ᵉ du nom, mourut à une date incertaine, peut être vers 1173, mais en tous les cas avant Humfroy II le connétable, son père, mort en 1179. Il ne posséda pas la seigneurie de Toron, bien qu'il en portat le nom. L'auteur des anciens Lignages d'Outremer (1) et Ernoul (2), autorisés par une phrase de Guillaume de Tyr (3), font sans doute de Stéphanie de Milly la femme d'Humfroy II et par conséquent la mère d'Humfroy III, mais il nous parait qu'une confusion a dû se glisser ici dans Guillaume de Tyr. Pour défendre et maintenir notre cadre généalogique tel que nous l'établissons ici, il nous semble suffisant d'invoquer ces deux faits : 1.º que Miles de Plancy, marié avec Stéphanie, était qualifié seigneur de Montréal dès l'an 1174, du vivant d'Humfroy II, comme on va le voir ; et 2.º qu'Humfroy IV succèda à la seigneurie de Toron, en 1179, non du chef de son père, mais du chef de son aïeul, ce que dit expressément Guillaume de Tyr : *patrimonium suum per mortem avi paterni jure hereditario ad se fuerat devolutum* (4). Humfroy III est donc père de Humfroy IV et mari de Stéphanie.

Enfants : 1. Humfroy IV de Toron, qui suit en 1187 ; mort en 1198.

2. Isabelle de Toron, femme de Roupen III, ou Rupin de la Montagne, seigneur de la Petite Arménie, qui mourut en 1187 ; héritière, en 1198, à la mort de son frère, de la seigneurie de Montréal, qu'elle transmit à sa fille Alix.

Second mari, vers 1173. Miles de Plancy, *Milo de Planci*, *Milo de Plancci*, sénéchal de Jérusalem au moins dès l'année 1169 (5). Miles était fils de Hugues seigneur de Plancy, en Cham-

---

(1) Chap. XXV, p. 462.
(2) Pag. 31.
(3) L. XXXI, c. 4, p. 1008.
(4) Lib. XXII, c. 5, pag. 1069.
(5) Paoli, t. I, p. 50.

pagne. Le roi Amaury I.⁰ʳ, dont il était parent, lui donna la sénéchaussée du royaume, et peu après la main de Stéphanie de Naplouse, devenue veuve: *Erat autem ex parte uxoris dominus Syrie Sobal, illius videlicet regionis quae est trans Jordanem, quae vulgo dicitur Montis Regalis* (1). En 1174, il prend en divers actes ce titre seigneurial: *Milo, Montis Regalis dominus* (2). Il se fit d'ailleurs détester des barons par son arrogance, et il fut tué cette année même, dans une rue de S. Jean d'Acre (3).

Troisième mari, vers 1175: Renaud de Chatillon, dont il est convenable de parler dans un paragraphe spécial.

V. 1175, Renaud de Chatillon, de la famille des Chatillon sur Loing, sires de Gien, veuf de Constance d'Antioche mère de Boémond III, dont il avait été le tuteur, avec le titre de prince d'Antioche, devint seigneur du Crac de Montréal et de S. Abraham, du chef de sa seconde femme, Stéphanie. Ce fut la récompense de sa longue captivité chez les Sarrasins et surtout de la loyauté avec laquelle il avait administré la principauté d'Antioche durant la minorité de son beau fils: « Et pour çou que li prin-
» ces Renaut avoit bien gardée la tierre d'Antioche, li dona on la
» dame del Crac et de Monroial à fame (4) ». On ne connait pas la date exacte de cette union; mais le nouveau mariage de Stéphanie dut suivre de près la fin de son deuil légal, car il était d'un grand intérêt de ne pas laisser en souffrance les services d'un fief aussi important que le sien. On a une charte de Renaud de l'an 1177, dans laquelle il prend ces titres: *Ego, Rainaldus, quondam Antiochiae princeps et nunc, per Dei gratiam, Hebronensis et Montis Regalis dominus* (5). Par cet acte, que souscrit Guerry premier archevêque latin de la Pierre du Désert, Renaud, du consentement de sa femme Stéphanie et des enfants de Stéphanie, confirme la donation de certains domaines situés dans les villes de Pétra et de Montréal, donation faite à l'ordre de l'Hôpital par son prédécesseur Maurice: *Mauritius, qui ante fuerat Montis Regalis dominus* (6). Bien qu'il prit seulement le titre de sire d'Hé-

(1) *Guill. de Tyr*, l. XXXI, c. 4, p. 1009.
(2) Avril et juillet 1174. Paoli, t. I, p. 244; Strehlke, p. 8.
(3) *Guill. de Tyr*, p. 1008.
(4) Ernoul; édit. de la Soc. de l'*Hist. de France* p. 31.
(5) Paoli, t. I, p. 62.
(6) Paoli, t. I, p. 63.

bron et de Montréal, Renaud, comme ses prédécesseurs, était bien seigneur des deux Karacs. Cette notion historiquement établie déjà par tout ce qui précède, confirmée par le témoignage de Guillaume de Tyr (1), est surabondamment prouvée par un monument précieux existant autrefois au Musée de la ville de Besançon, et devenu la propriété de M. Schlumberger (2). C'est un sceau de plomb, au nom de Renaud, qui avait dû être apposé au bas d'une de ses chartes. Il représente d'un coté un oiseau (un cygne) marchant, les ailes éployées, avec la légende: Renaldus : Montis Regal : $\overline{\text{DNS}}$; de l'autre coté la grande porte d'une ville fort, avec les mots : † Petracensis Civitas. Montréal est le chef lieu féodal de la seigneurie ; Pétra est le chef lieu ecclésiastique.

Une donation de 1180, scellée sans doute d'une bulle semblable à celle que nous venons de décrire, rappelle ainsi ses titres, en associant à l'acte sa femme, Humfroy IV de Toron, fils ainé de sa femme et Isabelle (ou Elisabeth) de Jérusalem, femme d'Humfroy, fille du roi Amaury: *Ego Reginaldus, quondam princeps Antiochensis, nunc autem, per Dei gratiam, Montis Regalis et Hebron dominus, et uxor mea domina Stephania, assensu et voluntate Hanfredi, prefate domine Stephanie filii, et uxoris ejus Elisabeth, filie regis Jerusalem* (3). — Il souscrit simplement parmi les témoins d'un diplome royal de 1182: *Reinaldus Montis Regalis et Ebronis dominus* (4). — Le succès qu'il obtint en 1184, en obligeant Saladin à s'éloigner de Karac, dont le Sultan avait juré de s'emparer (5), montre tout ce qu'on aurait pu attendre de sa prévoyance et de sa résolution, si les circonstances l'avaient placé à la tête de l'état au lieu de Guy de Lusignan. Pris à la bataille de Tibériade, le 4 ou 5 juillet 1187, il fut mis à mort le lendemain par Saladin, dans les circonstances que nous avons rappelées au début de cette notice.

---

(1) Lib. XXII, c. 28, p. 1124. Les historiens arabes, qui nomment Renaud de Chatillon *Arnaut*, l'appellent toujours le *prince de Carac*, t. I, p. 56, 658. Sanudo, écrit mal son nom *Raymundus* ; mais il le qualifie exactement: *Princeps Montis Regalis et totius terrae trans Jordanem, dominus quoque Ebronis et circumstantis regionis.* Bongars, *Secret.*, III, 9, c. 4, p. 191.

(2) L'heureux et savant possesseur de ce sceau le décrit dans le tom. I.er des *Archives de l'Or. latin*, p. 663.

(3) Fr. Delaborde, *Chartes de Terre Sainte*, p. 88-89.

(4) Strehlke, p. 14.

(5) *Guill. de Tyr*, p. 1124. Cf. *Hist. arabes*, t. I, p. 53, 664, 666.

Femme: Stéphanie de Milly ou de Naplouse, qui lui survécut, et qui tint la seigneurie au nom de son fils Humfroy, prisonnier des Sarrasins.

1187. Stéphanie de Milly et Humfroy IV de Toron, son fils. Humfroy était déjà seigneur de Toron, de Chateau Neuf et en partie de Bélinas depuis la mort de son grand'père Humfroy II, survenue en 1179 (1). Fait prisonnier à Tibériade, en même temps que son beau père Renaud de Chatillon et le roi Guy, il ne put obtenir sa liberté aussitôt que d'autres captifs, bien que sa mère eut été elle même négocier son rachat dans la tente de Saladin (2). Le sultan espérait en le retenant auprès de lui déterminer la capitulation des deux forteresses de Karac, dont l'occupation devait le rendre maitre de tout l'intérieur du pays et rejetter les chrétiens sur les côtes. Ses calculs ne furent pas trompés. En 1188, les défenseurs de Karac Moab, privés de tout secours extérieur, furent obligés de capituler (3) et de se rendre à Malec Adel. L'année suivante, Montréal, assiégé depuis deux ans (4), lui ouvrit ses portes. Malec Adel remit alors Humfroy en liberté et l'envoya à sa mère (5). Les petits postes chrétiens établis dans les oasis ne durent pas tarder à se rendre. Parmi ceux que nomment les chroniqueurs nous remarquons Hormoz, Ouaïrah et le chateau de *Sela* (6), qui est le chateau de l'antique Pétra Nabathéenne. Hébron ne put résister après le perte de la Syrie Sobal. A la fin de l'année 1189, Saladin était maitre du royaume entier de Jérusalem, sauf des villes de Tyr, d'Antioche et de Tripoli, que les chrétiens occupaient encore.

La princesse Stéphanie, comme nous l'avons dit, ne parait pas avoir survécu longtemps à la délivrance de son fils.

V. 1190. Humfroy IV de Toron, fils de Humfroy III de Toron et de Stéphanie de Milly, déjà seigneur de Toron, eut seul la seigneurie désormais titulaire du Crac de Montréal, à la mort de sa mère. En septembre 1190, il souscrit ainsi un diplôme royal:

(1) *Guill. de Tyr*, p. 1069.
(2) Ernoul, p. 173 ; *Hist. arabes*, t. 1, p. 703.
(3) *Contin. de G. de Tyr*, p. 105, 122, Var. D. ; *Hist. ar.*, t. 1, p. 60, 734.
(4) Et peut être deux ans et demi. *Contin.*, p. 122, var ; Quatremère, t. II, p. 244-245.
(5) *Contin.*, loc. cit., var. D. Cf. Ernoul, p. 253.
(6) *Hist. arabes*, t. 1, p. 731.

Henfridus Montis Regalis (1). Il mourut en 1198, sans laisser de postérité.

Femme, oct. 1180: Isabelle de Jérusalem, nommée aussi Elisabeth, fille cadette d'Amaury I.ᵉʳ, roi de Jérusalem, et soeur de Sibylle, héritière de la couronne. Elle n'avait que huit ans au mois d'octobre 1180, lorsque Renaud de Chatillon l'unit par un traité de fiançailles à Humfroy IV de Toron, son beau fils. Le mariage fut célébré en 1183, dèsqu'Isabelle atteignit sa douzième année, Humfroy étant encore lui même très jeune (2). Obligée par les évènements à divorcer malgré elle avec Humfroy, et devenue héritière de la couronne de Jérusalem à la mort de sa soeur Sibylle, Isabelle fut successivement mariée: en 1191, à Conrad de Montferrat; en 1192, à Henri II comte de Champagne, et en 1197 à Amaury II de Lusignan, roi de Chypre, qu'elle fit roi de Jérusalem (3). Elle mourut, reine de Chypre et de Jérusalem, vers l'an 1208.

1198. ISABELLE DE TORON, fille de Humfroy III de Toron, mentionné précédemment. Devenue veuve en 1187 du prince d'Arménie, Isabelle hérita en 1198, à la mort de son frère Humfroy IV, des seigneuries de Montréal, de Karac, d'Hébron, de Toron, de Chateau Neuf et d'une partie de Bélinas. On ne connait pas l'époque de sa mort.

Mari, avant 1187, Roupen III, prince-souverain de la Petite Arménie, mort en 1187, appelé par les historiens latins *Rupin de la Montagne*, et dont le frère et successeur, Léon II, fut en 1198 le premier roi de la Petite Arménie (4).

Enfants: 1. Alix d'Arménie, qui suit;

2. Philippe ou Philippa d'Arménie, qui épousa en premières noces, l'an 1189, Schahenschah, prince arménien, frère d'Héthoum de Saçoun, mari de sa soeur Alix, et en secondes noces Théodore Lascaris, empereur de Nicée;

3. Une 3.ᵉ fille, qui aurait épousé André, fils d'André II roi de Hongrie.

---

(1) Strehlke, p. 22.
(2) *Hist. de Chypre*, t. I, p. 20.
(3) *Hist. de Chypre*, t. I, p. 146.
(4) *Lignages*, chap. 4. *Assises*, t. II, p. 445; Dulaurier, *Historiens Arméniens*, tome I, p. CXII, CXIII.

..... ALIX D'ARMÉNIE, fille de Roupen III, ou Rupin de la Montagne, prince d'Arménie, et d'Isabelle de Toron, soeur d'Humfroy IV, succèda à sa mère dans les seigneuries de Toron et de Montréal. Le traité de l'empereur Frédéric avec le sultan d'Egypte, conclu le 18 février 1229, remit pour quelques années (1) au pouvoir des chrétiens diverses places de l'intérieur du royaume, entre autres le Toron et un chateau de *Crach* (2), qui nous parait être le Chateau des Curdes ou le Crac des Chevaliers, dans les environs de Tripoli, et non le fameux Karac des Moabites, encore moins le Karac de Montréal.

Autorisée de ce traité, Alix se présenta à l'empereur Frédéric et en obtint la restitution de la seigneurie du Toron, par un diplôme du mois d'avril 1229 : *Alysa, neptis quondam Henfridi juvenis, fidelis nostra, veniens coram nobis* (3). Les rares instruments diplomatiques de cette époque ne font plus mention de la principauté du Crac de Montréal, perdue, mais toujours présente à la pensée des Francs, qui ne désespéraient pas de la recouvrer un jour. Alix nous semble faire une allusion manifeste à l'ancienne principauté de ses pères en se qualifiant princesse et dame de Toron dans une charte de 1236, à une époque où elle possédait encore réellement mais uniquement la terre de Toron : *Alis princessa et domina de Torono* (4). A sa mort, ses droits tant sur la terre de Toron que sur le Crac de Montréal et leurs dépendances passèrent à sa fille, Marie d'Arménie ; Marie d'Arménie les transmit au Prince Rupin, son fils, et Rupin à sa fille Marie d'Antioche, la dernière héritière des princes de Karac mentionnée dans l'histoire.

Premier mari: Héthoum, prince de Saçoun dans la Mésopotamie arménienne, que les Francs appelèrent *Haïthon de Sasoigne*.

Enfant: Ritha.

Second mari, en 1194 : Raymond IV d'Antioche, fils de Boémond III, comte de Tripoli en 1187, mort en 1199 ou 1200, avant son père.

(1) Les chrétiens perdirent de nouveau Jérusalem et les villes de l'intérieur en 1244.
(2) *Hist. de Chypre*, t. III, p. 629.
(3) Strehlke, p. 54 ; Huillard-Bréholles, *Cod. dipl.*, t. III, p. 124.
(4) Strehlke, p. 67.

Enfant: Raymond-Rupin, comte de Tripoli, que l'on appelait le *Prince Rupin* (1), fils de Raymond IV comte de Tripoli et d'Alix d'Arménie. Il succéda à son père dans la seigneurie de Tripoli, malgré la compétition de son oncle Boémond IV. En 1219, à la mort du roi Léon II son oncle maternel, il voulut se porter prétendant au trône de Sis, et passa en Arménie pour soutenir ses droits. Il y fut fait prisonnier et mourut vers 1222. Il avait épousé, vers 1210, Héloïse de Lusignan, fille d'Amaury roi de Chypre, déjà fiancée à Eudes de Dampierre. Il en eut une fille, Marie, en qui se résumèrent tous les droits des princes croisés sur le Toron, Chateau Neuf, Bélinas, et les deux Karac.

Ap. 1296, MARIE D'ANTIOCHE-TRIPOLI, fille et héritière du Prince Rupin et d'Héloïse de Lusignan, dont nous venons de parler, épousa, vers 1240, Philippe I.er de Montfort seigneur de Castres en Albigeois, devenu en 1243 prince de la ville de Tyr, sauvée par son courage, et mort à Saint Jean d'Acre en 1269 sous le poignard d'un ismaélien. Ce mariage réunit, au moins titulairement, aux principautés de Tyr et de Toron, les immenses fiefs de l'Ydumée et du pays de Moab, qui avaient été l'apanage successif de Romain du Puy, des filles de Philippe de Naplouse et de Renaud de Chatillon.

Mais dès la seconde moitié du XIII.e siecle, la mention des seigneuries transjordaniques n'était plus chez les chrétiens qu'une réminiscence historique et une sorte de protestation contre les conquêtes arabes. La fille du prince Rupin est restée dans la tradition franque comme la dernière princesse chrétienne du Crac de Montréal, et la dernière qui ait pu exercer quelques droits effectifs dans les seigneuries de Toron et ses dépendances. Les Montfort ses enfants, qui relevèrent en Chypre par un mariage le titre de *Sires de Beyrouth* (2), semblent avoir délaissé les noms de Montréal et de Karac, qu'on ne voit plus figurer parmi ceux de la noblesse chypriote au XIV.e et XV.e siècle. On ne sait si le célèbre jurisconsulte Gérard de Montréal se rattache même par son

---

(1) *Lignages*, chap. 4. *Assises*, t. II, p. 445. Le texte imprimé porte *Reimont*, au lieu de *Reimond*, erreur à signaler, et d'autant plus nécessaire à corriger qu'elle pourrait faire confondre le prince Rupin avec un *Boémond*.

(2) Humfroy I.er de Montfort, fils de Philippe I.er seigneur de Tyr et de Marie d'Antioche-Tripoli, épousa avant l'année 1283, Echive d'Ibelin, fille de Jean II d'Ibelin de Beyrouth, héritière du nom et de la seigneurie de Beyrouth.

nom à la grand seigneurie de Karac. C'est toujours à Marie d'Antioche, à la fille du Prince Rupin que remontent les souvenirs, les revendications et les espérances des écrivains d'Outremer et de ceux qui en étaient encore l'écho en Occident. C'est son droit qu'invoque et que constate en ces termes l'auteur d'un Provincial ecclésiastique dressé dans la dernière moitié du XIVe, peut être à Avignon même, dans la partie où il rappelle les anciennes seigneuries et les sièges épiscopaux possédés autrefois par les Latins en Syrie.

« Item (Soldanus detinet) castrum Montis Regalis et Sele (1),
» cum pluribus aliis castris quorum nomina ignorantur. Et hec
» terra debet esse filie principis Rupini. Item vallem de Mossa que
» est pars Ydumee, et hec est versus Damascum (2); ubi sunt
» plura castra et ville quorum nomina ignorantur; et debent esse
» domicelle predicte. Item Castrum Novum, quod fuit domini Ti-
» ronis, quod esse debet filie dicti principis. Item Cesariam Phi-
» lippi, quod Bellinas vulgariter appellatur; et est episcopalis se-
» des, et debet esse filie dicti Principis (3) ».

Co. L. DE MAS LATRIE.

(1) Pétra des Nabathéens.
(2) Ces indications géographiques ne sont pas d'ailleurs d'une rigoureuse exactitude.
(3) Paris. Bibl. Nat. Mss. latins, n. 17522, fol. 75 v.° et suiv.

www.ingramcontent.com/pod-product-compliance
Lightning Source LLC
Chambersburg PA
CBHW070543050426
42451CB00013B/3147